Staat und Recht
bei Schopenhauer

Von
Theodor von der Pfordten
Regierungsrat im Staatsministerium
der Justiz in München

J. Schweitzer Verlag, München, Berlin, Leipzig
1916

F. Bruckmann A.G., München.

Die ersten Jahre nach dem Inkrafttreten des BGB. waren der Entfaltung rechtsphilosophischen Strebens nicht günstig. Die Juristen stürzten sich mit Feuereifer auf die Masse der neuen Paragraphen und glaubten den Gipfel der Weisheit erklommen zu haben, als sie aus ihnen recht viele Zweifel und Streitfragen herausgezogen hatten. Auch der allgemeine Zeitgeist war der Beschäftigung mit Weltgeheimnissen abhold. Der Blick war mit einer gewissen Einseitigkeit auf das unmittelbar Nützliche, auf das Wirtschaftliche und Technische gerichtet. Die kühle Lebensauffassung weiter Kreise würde die philosophische Forschung als eine müßige Hingabe an unfruchtbare Träumereien betrachtet haben, und mancher empfindet wohl auch heute noch so.

Vielleicht ist es den Arbeiten an einer Neugestaltung des Strafrechts zu danken, daß sich die Juristenwelt nicht ganz in die Gehirnkunststücke des Bürgerlichen Rechts oder ins Technische verloren hat. Der Streit der Strafrechtsschulen lenkte ihren Blick immer wieder auf die großen Fragen des Zusammenhangs zwischen Recht und Sitte, der Willensfreiheit, des Zwecks der Strafe, der staatlichen Ordnung überhaupt. Aber auch im Bürgerlichen Rechte blieb der Rückschlag nicht aus. Der Stolz, mit dem man die dickleibigen Bücher und die zahllosen Entscheidungen betrachtete, schwand bedenklich zusammen, als plötzlich Richtungen auftraten, die die Grundlage der juristischen Arbeitsweise untersuchten und dartun wollten, daß man auf ganz falschem Wege gewesen sei, als man die Gesetze mit dem althergebrachten Rüstzeug formalen Denkens und geschichtlicher Forschung auslegte. Diese unruhigen Strömungen sind zwar noch im suchenden Tasten begriffen, aber sie haben schon jetzt einen Erfolg gezeitigt, den als erfreulich auch anerkennen muß, wer ihnen sonst nicht freundlich gegenübersteht. Sie haben der übertriebenen Wertschätzung des geschriebenen Gesetzesworts entgegengewirkt, sie haben wieder dazu angeleitet, die Rechtswissenschaft mit einem gewissen Abstand zu betrachten, nachzusehen, wie sie sich in den Weltzusammenhang eingliedert, also philosophisch zu denken. Denn Philosophie ist ja nichts anderes als das Streben, aus den Einzelheiten so hoch wie möglich in das Allgemeine emporzudringen.

Zu untersuchen, wie sich das Recht im Kopfe eines eigenartigen, selbständigen Denkers malt, ist der Zweck dieser Abhandlung.[1]) Freilich wird der Streif-

[1]) Als sie vollendet war, kam mir eine kleine Schrift über „Schopenhauers Rechts- und Staatslehre" von Gerichtsassessor Erich Warschauer (Gebr. Böhm, Kattowitz O. S) zu Gesicht. Sie gibt Schopenhauers Ansichten ausführlich wieder und schließt daran eine ziemlich eingehende Würdigung, wobei der Verfasser vielfach zu ähnlichen Ergebnissen kommt, wie diese Zeilen.

zug in das philosophische Gebiet keine unmittelbar verwertbare Ausbeute bringen, ja mancher wird vielleicht enttäuscht meinen, daß er auch theoretisch nicht auf seine Rechnung gekommen sei. Denn allerdings gibt uns Schopenhauer keine bis ins einzelne planmäßig durchgearbeitete Rechtsphilosophie. Seine Betrachtungen über Staat und Recht sind kein sehr wichtiger Teil seiner Lehre, er stellt uns sehr klare, aber ziemlich grobe Umrisse hin. Und was er bietet, dürfen wir nicht gläubig hinnehmen. Schopenhauer ist niemals nur ein kühler Denker, sein Lehrgebäude hängt innig zusammen mit seinem persönlichen Empfinden; in den allgemeinen Lehren tritt diese Erscheinung weniger hervor, aber da, wo er von praktischer Lebensführung, von Recht und Sitte spricht, drängt sich die eigene Lebensstimmung übermächtig in den Vordergrund. Zwar hat er selbst mit aller Deutlichkeit die Erscheinung aufgedeckt, daß das Wollen unsere Erkenntnis fälscht, aber im Einzelpunkt unterliegt er selbst diesem Gesetze. Daß er sich von ihm nicht losringen kann, daran trägt, abgesehen von der Stärke und Unmittelbarkeit seiner Empfindung, auch seine Geringschätzung der Geschichte die Schuld. Sie ist ihm nur die ewige Wiederkehr der gleichen Personen in verschiedenen Gewändern und der gleichen Vorgänge unter verschiedenen Namen. Den geschichtlichen Grundlagen einer Erscheinung geht er selten nach und so kommt ihm nicht zum Bewußtsein, daß auch seine eigene Lebensanschauung nach Zeit und Ort bedingt ist. Daher rührt denn auch seine schroffe Ablehnung jedes Gedankengangs, der nicht in allem mit seinen Ansichten übereinstimmt.

Aber der starke persönliche Einschlag in Schopenhauers Werken ist doch nur die Kehrseite eines großen Vorzugs, einer Denkweise, die gerade für den Juristen vorbildlich ist. Schopenhauer geht überall von der Wirklichkeit, von der unmittelbaren Anschauung, von den Tatsachen selbst aus. Bloße Worte und Begriffe gelten ihm nichts, sie lösen sich vor seinem klaren Blick in Rauch und Nebel auf. Sein Bildungsgang, grundverschieden von dem heutzutage üblichen, hat ihn frühzeitig zu selbständiger Betrachtung angeleitet. Als Sohn eines reichen Kaufmanns hat er schon in jungen Jahren, in denen andere die Schulbank drücken, Länder und Völker auf weiten Reisen kennengelernt. Den humanistischen Unterricht, der heutzutage die jungen Leute während der Jahre der größten Aufnahmefähigkeit völlig beansprucht, genoß er erst in späteren Jahren, er wurde rasch beendet und traf in der schon erworbenen Welt- und Menschenkenntnis eine gute Grundlage an. Was dieser außergewöhnliche Verlauf seiner Jugendzeit für die Entwicklung seines Geistes bedeutete, das hat er selbst ausgesprochen in dem Lebenslauf, den er 1819 der Berliner philosophischen Fakultät einreichte. Indem er die unmittelbare Erkenntnis der Dinge im Gegensatze zur Aufnahme fortgepflanzter Meinungen preist, trifft er mit sicherem Urteile das, was wir als den Kern der neuzeitlichen Bestrebungen nach einer besseren Ausbildung der Juristen kennen. Auch hier das Ziel, den Studierenden möglichst bald, möglichst stark auf selbständiges Erfassen, auf die eigene Anschauung hinzuleiten, ihn nicht mehr bloß mit fremden Meinungen vollzutrichtern. Der „Wirklichkeits Hunger" der jungen Juristen ist keine Redensart, die gestern oder vorgestern erfunden wurde.

Mit dem Wirklichkeitssinn und der Beobachtungsgabe verbindet sich bei Schopenhauer eine rücksichtslose Wahrheitsliebe. Um dieser Eigenschaften willen wird ihn auch der Jurist gern auf eine Zeitlang als Führer anerkennen.

Um Schopenhauers Rechts- und Staatslehre zu verstehen, müssen wir seine allgemeine Weltlehre wenigstens andeuten. Den Ausgangspunkt bildet wie in der ganzen neueren Philosophie die Lehre, daß die Außenwelt nichts vom erkennenden Wesen unabhängiges ist. Die Außenwelt, die Welt der Erscheinungen, ist nicht unwirklich, täuscht auch nicht etwas anderes vor, als was sie ist, aber Sein und Vorstellung fallen zusammen. Ohne ein erkennendes Bewußtsein läßt sich die Welt nicht denken. An der Hand des Kausalgesetzes als einer Form seiner Anschauung ordnet das Bewußtsein die Welt der Vorstellungen und findet sich dabei selbst wieder als einen Teil der Kette. So hängen Bewußtsein und Körperwelt unauflöslich zusammen, beide stehen und fallen miteinander. Sie sind also eigentlich Eines und dieses Eine ist das Ding an sich. An diesem Punkte hatte die Kantische Philosophie Halt gemacht und das Ding an sich als nicht schlechthin erkennbar bezeichnet; freilich hatte sie angedeutet, daß hinter der Welt der Erscheinungen eine andere steht, die nicht dem forschenden Verstande, sondern nur dem Fühlen zugänglich ist. Schopenhauer geht weiter und das ist der Angelpunkt seiner Philosophie. Das Ding an sich, das den Kreislauf zwischen Vorstellung und Vorgestelltwerden hervorgebracht hat, ist Wille. Des Lebenswillens wird sich der Mensch unmittelbar, ohne das Bindeglied der Vorstellung bewußt. Er empfindet die Förderung des Willens als Lust, die Hemmung als Unlust. Wie er den Willen erkennt im eigenen Leibe, der doch für ihn zugleich ein Teil der Außenwelt, der Welt der Erscheinungen ist, so findet er ihn auch wieder in den anderen Erscheinungen, zunächst in den übrigen Menschen, dann in dem Triebleben der Tiere, ja zuletzt auch in den Kräften der unorganischen Welt. Die Erkenntniskraft, die dem Menschen eigen ist, ist nur eine vom Daseinswillen hervorgetriebene Funktion, mit der er zur Anschauung seiner selbst kommt.

So sinkt vor dem Auge des Philosophen der Schleier, der die Welt verhüllt. Während der natürliche Mensch in der Außenwelt eine Menge einzelner Dinge sieht, die um ihrer selbst willen da sind, erkennt er in den vergänglichen Erscheinungen nur den Ausdruck eines bleibenden, zeitlosen, dem Gesetze der Notwendigkeit nicht unterworfenen Allwillens, eines Gesamtwillens.

Damit sind wir nahe an der Grenze einer pantheistischen Weltformel angelangt, wie wir sie z. B. bei Goethe oder bei Fechner finden. Aber nun tritt die düstere, weltschmerzliche Lebensstimmung Schopenhauers in ihr Recht. Sein Wille als Ding an sich strebt nicht zum Guten, sondern ist ein blinder, zielloser Trieb, der sich in seiner ungestümen Selbstbejahung unendliches Leiden schafft. In einer ewigen Selbsttäuschung befangen, glaubt er, Lust und Befriedigung in der Bejahung zu finden, unbelehrt durch die Erfahrung, daß niemals dauerndes Glück, dauernde Seelenruhe erreicht wird, vielmehr einem kurzen Nachlassen des schmerzlichen Dranges nur neuer Lebenshunger folgt. Je höhere Stufen der Entwicklung der Lebenswille durchläuft, um so größer wird das Leiden: zu dem in den niederen Lebewesen nur dumpf gefühlten Schmerze tritt die Erkenntnis von der gänzlichen Nichtigkeit dieses Lebens, zu der augenblicklichen Schmerzempfindung das Bewußtsein vergangener und zukünftiger Qualen.

Auf dieser Grundlage erhebt sich Schopenhauers Sittenlehre. Der natürliche Mensch, wie er sich in der Vorstellung als ein selbständiges Einzelwesen betrachtet, faßt sich auch praktisch als Selbstzweck. Er fröhnt der rücksichtslosen Bejahung des eigenen Ichs, nicht ahnend, daß der andere, den er verletzt, ihm wesensgleich ist, daß so der Wille in seinen Erscheinungsformen mit sich selbst streitet, daß, wer anderen Leid zufügt, im Grunde sich selbst zerfleischt. Der Mensch, dem die Einheit der Welt im Willen als Ding an sich aufgegangen ist, fühlt auch das fremde Leid als das eigene, das der niederen Geschöpfe so gut wie das menschliche. Das Mitleid ist die einzige wahre Quelle guter Handlungen, fremdes Wohl zu fördern, fremdes Leid zu mindern ohne Rücksicht auf das eigene Ergehen, ist der Höhepunkt der Sittlichkeit. Schließlich tritt dann auf der höchsten Stufe eine völlige Umkehr ein. Der Wille verneint sich, nicht durch Selbstmord — denn das wäre ja nur ein Zerschlagen seiner vergänglichen Form — sondern durch ein Erlöschen von innen heraus, einen mystischen Vorgang, der jenseits aller ursächlichen Zusammenhänge liegt, den einzigen, in dem der ewig freie Allwille unmittelbar in das irdische Geschehen übergreift. Und würde er bei allen eintreten, so würde die ganze Welt als ihre Vorstellung in das Nichts zurücksinken.

Wie fügen sich nun in diese Weltanschauung von eigentümlicher Größe Recht und Staat ein? Wir werden bald sehen, daß Schopenhauers Rechtslehre viel nüchterner, weit weniger auf Nächstenliebe abgestellt ist als seine Sittenlehre. Wir können mehrere Gründe dafür nachweisen.

Schopenhauers Mitleidsreligion ist nicht der Ausdruck dessen, was er im Leben geübt hat, sondern die Kehrseite seines Wesens. Er preist, was er an sich schmerzlich vermißt, die Güte des Herzens, die Rücksicht auf andere, die Gleichgültigkeit gegen äußere Güter, er tadelt, was ihm Pein verursacht hat, den ungestümen Lebensdrang. Es ist bekannt, daß er rücksichtslos, schroff, mißtrauisch, für Ruhm empfänglich, zu sinnlichem Wohlleben geneigt war.

Wo er mit anderen in Rechtsbeziehungen trat, war er alles andere als wohlwollend und nachgiebig, vielmehr ein zäher Kämpfer um sein Recht, der auch Listen und Kniffe nicht verschmähte. In der Erhaltung seines Vermögens sah er eine wichtige Lebensaufgabe, weil es die Grundlage seiner persönlichen und wissenschaftlichen Selbständigkeit bildete.

In seiner pessimistischen Lebensauffassung schätzt Schopenhauer die Arbeit gering, die im Staate geleistet wird. Der Weltschmerz lähmt die Tatkraft, der Pessimist lehnt es zumeist ab, im kleinen an der Besserung der Welt mitzuarbeiten.

Schopenhauer ist ferner durchaus aristokratisch. Die große Masse der Menschen gilt ihm als minderwertiges Erzeugnis: sie dämmern traumartig dahin, nur auf Essen, Trinken, Kinderzeugen und Gelderwerb bedacht.

Schopenhauer hat schließlich kein inneres Verhältnis zum Staate, weil er mit seinem Volkstum nicht innerlich verwachsen ist. Er fühlt sich als Weltbürger, Heimatgefühl kennt er nicht, es ist ihm da wohl, wo für seine Ruhe, Sicherheit und Bequemlichkeit gesorgt ist. Wohl zeigt er manchmal ein scharfes Verständnis für deutsche Eigenart, auch ein gesundes politisches Urteil ist ihm eigen. Er erkennt das Elend der Kleinstaaterei und sagt Deutschland eine Einigung unter einem neuen Kaisertume voraus. Aber er erfaßt all das mehr mit dem Verstand als mit dem Herzen.

Behalten wir diese Eigenschaften im Auge, so wird uns manche Einseitigkeit seiner Rechts- und Staatslehre verständlicher.

Klar und einfach baut Schoppenhauer zunächst auf der Lehre von der Einheit des Willens in den Erscheinungen ein moralisches oder natürliches Recht auf. Wir haben in der Sittenlehre gesehen, wie der Wille des natürlichen Menschen sich als Selbstzweck setzt und so in seinen Erscheinungsformen gegen sich selbst streitet. Ein dunkles Gefühl dafür hat auch der natürliche Mensch. Sein Gewissensbiß ist die unbewußte Empfindung, daß er an sich derselbe Wille ist, der auch im fremden Leibe erscheint, daß er also gegen sich selbst wütet, wenn er andere verletzt.

Der Einbruch in den fremden Willensbereich vollzieht sich unmittelbar durch Zerstörung oder Verletzung des fremden Leibes, oder mittelbar, indem die im fremdem Leibe wirkenden Kräfte dem eigenen Willen dienstbar gemacht werden, in roher Form durch Unterjochung zur Sklaverei, in feinerer durch die Verletzung fremden Eigentums. Eigentum im natürlichen Sinn ist nichts anderes als sozusagen gegenständlich gewordener Wille. Es wird nicht durch bloße Aneignung erworben, sondern durch Verarbeitung, durch Verwendung der Kräfte auf die Sache. Wer sich solche Kräfte aneignet, unterwirft sich den fremden Willen. Scharf abgelehnt wird die Lehre Kants, daß das Eigentum durch bloße erste Besitzergreifung begründet werde, durch die bloße Erklärung des Willens, andere vom Besitze auszuschließen. Eine solche Erklärung braucht niemand zu achten, nur der tatsächliche Aufwand von Willen auf die Sache kann ein sittliches Recht an ihr begründen.

Auf dem Gebote, daß der fremde Wille unangetastet bleiben muß, beruht auch die sittliche Rechtmäßigkeit und Gültigkeit der Verträge. Täusche ich einen anderen, so beeinflusse ich seinen Willen durch Scheingründe, so daß er seinem Wollen zu folgen glaubend in Wahrheit dem meinen dient. Die vollkommenste Täuschung und Lüge aber ist der gebrochene Vertrag. Wer sein Wort gibt und es nicht hält, hat seine Herrschaft auf fremden Willen ausgedehnt.

Ähnlich sucht Schopenhauer ein natürliches Recht der Geschlechtsverhältnisse zu begründen. Man kann sich bei seiner Geringschätzung des weiblichen Geschlechts leicht vorstellen, daß er die sittliche Bedeutung der Einehe verkennt. Der Mann, meint er, ist von der Natur außerordentlich begünstigt, weil sie beim Geschlechtsverkehr auf seine Seite nur den Genuß, auf die Seite des Weibes alle Lasten legte, Schwangerschaft, Geburtswehen, Sorge für die Kinder. Will der Mann von dieser Parteilichkeit der Natur Vorteil ziehen, so ist das Weib das unglücklichste Wesen. Sobald ihr kurzer Reiz verblüht ist, bliebe sie bei geringen Geistes- und Körperkräften sich selbst überlassen und hätte noch die Sorge für die Kinder. Der Mann würde also mit der Befriedigung seines Geschlechtstriebs seinen Lebenswillen bejahen und den Willen verneinen, der in dem weiblichen Leibe erscheint. Will er das nicht, so muß er dem Weibe versprechen, sie nie zu verlassen und sie und ihre Kinder zu unterhalten. Aus dieser Verbindlichkeit des Mannes folgt die Pflicht des Weibes, ihm treu zu sein, weil sonst die Kinder nicht gewiß die seinen wären; da aber auch das Weib einen Geschlechtstrieb hat, ist auch der Mann verbunden, seinen Trieb auf sie zu beschränken. Ist nun aber die kurze Zeit vorbei, in der das Weib geschlechtlichen Reiz erweckt und zum Kindergebären tauglich ist, so ist, wie das BGB. sagen würde, die dem Weibe aus dem ehelichen Vertrag obliegende Leistung unmöglich geworden; es fällt also auch ihr Anspruch auf die Gegenleistung, auf die Treue des Mannes, weg. Er muß sie zwar samt den Kindern bis an ihr Lebensende unterhalten, aber er kann sich neben ihr eine jüngere nehmen und so kann es fortgehen, bis seine Mittel nicht mehr ausreichen. Auch an anderer Stelle wird der sittlichen Forderung der Einehe Heuchelei vorgeworfen; denn die Mehrzahl der Männer lebe doch — wenigstens zu gewissen Zeiten — polygam. Sie sei auch ein gröbliches Unrecht gegen eine ungeheure Zahl von Frauen, die entweder als alte Jungfern vertrocknen oder der Unzucht anheimfallen; bestünde die Vielweiberei, so könnten sie Versorgung finden. Mit Recht hätten frühere Zeiten gegenüber der wilden Ehe ein Auge zugedrückt, erst die Reformation habe um der Priesterehe willen überstrenge Forderungen erhoben, und da habe dann auch die katholische Kirche nicht zurückbleiben dürfen.

Doch kehren wir zu den allgemeinen Gedanken zurück. Wir haben das Unrecht als einen Übergriff in fremden Willensbereich kennen gelernt; das Unrecht ist das Ursprüngliche und Positive, das Recht nur das Abgeleitete und Negative, es hat überhaupt keinen positiven Inhalt, sondern ist nur Abwehr des Unrechts. Staat und Gesetz sind nicht aus dem Recht, sondern aus dem Unrecht hervorgegangen. Dieser Gedanke kommt uns zunächst befremdlich vor, aber er ist ganz folgerichtig: wären alle Menschen gut und weise, so bräuchten wir keine Gesetzbücher und würden wie die Engel zusammenleben. Die Rücksichtslosigkeit und die Unvernunft machen die Abwehr nötig, und diese Abwehr ist eben das Recht. Es hat eine rein praktische und zwar eine verneinende Aufgabe zu erfüllen: es soll der Willensbetätigung Grenzen ziehen. Wie die Schranken zu setzen sind, läßt sich aber nicht mit begrifflicher Notwendigkeit bestimmen, hier gelten nur Erwägungen der Nützlichkeit und Zweckmäßigkeit, die nach Ort und Zeit verschiedene Ergebnisse haben werden. Jeder Versuch, den Inhalt des Rechts durch bestimmte Merkmale begrifflich festzulegen, muß nach Schopenhauer auf ein verschwommenes Gerede hinauslaufen.

Der Staat ist nach Schopenhauer nichts anderes als organisierte Abwehr von Übergriffen, organisierte Gewalt. Indem die Menschen aus dem Urzustande heraus zu höherer Einsicht fortschreiten, dämmert ihnen die Erkenntnis, daß der einzelne nicht auf seine Rechnung kommt, wenn jeder Gewalt und List gegen den anderen übt. Soll das über alle verbreitete Leiden gemildert und gleichmäßig verteilt werden, so müssen alle auf den Genuß des Unrechttuns verzichten und sich zur Abwehr gegen den zusammenschließen, der sich dieser Erkenntnis nicht fügen will. Damit entsteht der Rechtsstaat. Erst der Rechtsstaat ist wirklicher Staat, nicht der zusammengelaufene Haufe von Wilden, nicht die Despotie, die nur Sklaven als Untertanen kennt.

Etwas störend schiebt sich hier der Gedanke eines „Staatsvertrags" ein. Er mutet uns an wie ein Überbleibsel aus dem Anschauungskreise der Aufklärungszeit. Es würde darnach bei der Entstehung des Staates so zugegangen sein wie etwa heutzutage, wenn man ein Gesetz macht und zu diesem Zweck eine Kommission einsetzt, die von bestimmten Absichten geleitet einen Entwurf zusammenstellt, der dann in einem geordneten Verfahren angenommen wird. Das widerspricht der eigenen Grundansicht Schopenhauers, daß alle wichtigen Lebensformen unbewußt wachsen, nicht durch den Verstand geschaffen werden.

Der Staat ist nach Zweck und Entstehung nur Schutzanstalt, nicht Erziehungs- oder Besserungsanstalt. Nicht die Nächstenliebe bringt ihn hervor, sondern die verständige Ichsucht der Mehrzahl. So tritt das Recht niemals rein in die Erscheinung. Abwehr ist nur möglich durch Zwang, mit Vernunft und Billigkeit läßt sich bei der großen Masse nichts ausrichten. Indem so ein Teil der Menschen Gewalt über andere erlangt, bringt die Willkür auch in das

Recht ein. Wer im Besitze der geordneten Gewalt ist, wird sie zum eignen Besten gebrauchen wollen. Das läßt sich niemals ganz verhindern, es gilt eben, die Gewalt so viel wie möglich auf die Seite des Rechts herüberzuziehen und eine Staatsform zu finden, in der der Herrscher sich selbst zu dienen glaubt, indem er der Allgemeinheit dient.

Diese Form ist nach Schopenhauer die erbliche Monarchie. Er erkennt an, daß auch sie nicht ohne einen Zusatz von Willkür und Unrecht bestehen kann. Solcher Art sind die Vorrechte der Geburt, die Staatsreligion u. dergl. Aber solche Nachteile empfindet das Volk nicht allzuschwer, wenn nur der Fürst das Ganze nach innen und außen kräftig schützt. Allerdings liegt die Staatshoheit ursprünglich beim Volke, aber es ist ein ewig unmündiger Souverän, es muß immer unter Vormundschaft stehen und kann seine Rechte niemals selbst verwalten, wenn es nicht den hinterlistigen Demagogen zum Opfer fallen soll.

Die Republiken versuchen aus lehrhaften Erwägungen heraus ein reines Recht ins Dasein zu rufen, aber das kann nicht gelingen, weil die Mehrzahl der Menschen boshaft, hinterlistig und dabei doch dumm ist. Deshalb läßt sich niemals ein Staat auf reinen Vernunftgrundlagen errichten, niemals z. B. kann die reine persönliche Wertschätzung an die Stelle des Einflusses von Stand und Geburt treten. Es kommt dabei das Gegenteil von dem heraus, was beabsichtigt ist. Die blöde Masse ist der natürliche Feind des hervorragenden Mannes. Er wird immer allein gegen eine Mehrzahl stehen, die ihn wegen seiner geistigen Bedeutung mit Neid und Eifersucht verfolgt. Der Alleinherrscher dagegen wird um seiner selbst willen die befähigten Köpfe in seine Nähe ziehen, er braucht ja nicht zu fürchten, daß ein anderer an Macht über ihn hinauswächst.

Nach alledem läßt sich leicht denken, daß Schopenhauer auch der konstitutionellen Monarchie nicht viel Geschmack abgewinnt, wenigstens nicht in der Form, wie sie in England besteht. Die Lauge seines Spottes ergießt sich über die Bestrebungen seiner Zeit, solche Formen in Deutschland einzuführen, wobei nach seiner Meinung nur ein Zerrbild herauskommen kann. Im gleichen Zusammenhang spricht er sich mit göttlicher Grobheit über das Schwurgericht aus, das weder unabhängig noch befähigt sei, die Wahrheit zu ermitteln. Von den freiheitlichen Forderungen will er nur die der Preßfreiheit gelten lassen: sie ergebe ein Sicherheitsventil, das rechtzeitig das Unrecht zutage fördert, das sich so leicht in die öffentlichen Einrichtungen einschleicht. Es sei gut, wenn sich die Unzufriedenheit durch Worte Luft machen könne. Andererseits ist aber die Preßfreiheit nach Schopenhauer die Erlaubnis, Gift für Geist und Gemüt zu verkaufen, denn was lasse sich dem urteils- und erkenntnislosen Haufen nicht einreden! Und gar die Preßvergehen vor das Schwurgericht verweisen, heißt ihm recht eigentlich den Bock zum Gärtner machen.

Mit Beklemmung verfolgte Schopenhauer bei solchen Ansichten die Bewegungen des Jahres 1848. In einem Brief an seinen Verehrer Frauenstädt schildert er einen Zwischenfall aus den Barrikadenkämpfen in Frankfurt a. M. Es klopfte an seiner Türe, er meinte, die „souveräne Kanaille" sei da, und wollte die Türe mit der Stange verrammeln. Aufatmend erfuhr er, daß nur österreichisches Militär aus seinen Fenstern auf die „Souveraine" schießen wolle. Dem Offizier, der „das Pack hinter den Barrikaden" beobachten wollte, kam er mit einem großen doppelten Opernglase zu Hilfe. Ebenso bezeichnend ist, daß er als seinen Erben einsetzte, „den in Berlin errichteten Fonds zur Unterstützung der in den Aufruhrkämpfen der Jahre 1848/49 invalide gewordenen preußischen Soldaten, wie auch der Hinterbliebenen solcher, die in jenen Kämpfen gefallen sind". So seltsame Widersprüche finden wir in dem Wesen eines Mannes, der als der Philosoph des Mitleids eigentlich demokratische Züge erwarten ließe.

Wir haben damit die Grundzüge der Rechts- und Staatslehre kennen gelernt. Auf Einzelheiten des bürgerlichen Rechts läßt sich Schopenhauer so gut wie gar nicht ein. Wir könnten nur erwähnen, was er über das Recht der Frau sagt und was uns etwas eigenartig vorkommt in einer Zeit, in der mit Dynamitbomben für das Frauenstimmrecht gekämpft wird. Die Frau sollte nach Schopenhauer wegen ihrer geistigen und sittlichen Minderwertigkeit unter immerwährender Vormundschaft stehen, der elterlichen Gewalt sollte die eheherrliche des Mannes folgen, später könnte sie allenfalls der Sohn überwachen. Schopenhauer leidet unter der Zwangsvorstellung, daß jede Witwe, wenn sie noch leidlich bei Jahren ist, das vom Manne sauer erworbene Vermögen mit einem Buhlen verprassen wird. Deshalb verwirft er das Erbrecht der Frau, sie sollte mit einer Rente oder einer Hypothekforderung abgefunden werden. Er lobt die Gesetze des Adels, die das Vermögen im Mannesstamm erhalten. Wie eine Vorahnung dessen, was heutzutage die Kriminalisten und Psychiater lehren, kommt es uns schließlich vor, wenn Schopenhauer das Zeugnis der Frau vor Gericht nur halb so stark bewerten will wie das des Mannes.

Damit kommen wir auf das Strafrecht, das Schopenhauer eingehender behandelt. Den Grundton gibt auch hier die Anschauung, daß der Staat ausschließlich Schutzanstalt ist, keine sittlichen Aufgaben zu erfüllen hat. Mitbestimmend ist die Verneinung der Willensfreiheit; in der Welt, die unserer Erfahrung zugänglich ist, herrscht uneingeschränkt das Gesetz von Ursache und Wirkung. Aus der Einwirkung der äußeren Bestimmungsgründe auf den Charakter ergibt sich die einzelne Handlung mit Notwendigkeit und der Charakter bleibt ewig unveränderlich — ein weiterer bedeutungsvoller Leitsatz, auf den wir noch zurückkommen müssen. Die Freiheit liegt jenseits aller Erscheinung: das dem Menschen innewohnende Gefühl der sittlichen Verantwortlichkeit, der inneren Freiheit, ist nichts anderes als das Bewußtsein, daß in uns der zeitlose, dem Kausalgesetze nicht unterworfene Gesamtwille in die

Erscheinung eingetreten ist, daß wir also mit der Ewigkeit zusammenhängen. Nicht daß wir schlecht handeln, sondern daß wir schlecht sind, bekümmert unser Gewissen. Schopenhauer knüpft damit an Gedanken an, die schon Kant in seiner Kritik der praktischen Vernunft ausgesprochen hatte.

Aus alledem folgt, daß der Zweck der Strafe nur Sicherung sein kann. Die Vergeltungslehre wird als unbrauchbar abgelehnt. Wird die Strafe als Sühne des Unrechts, Wiederherstellung der verletzten Rechtsordnung bezeichnet, so läuft das nach der Grundauffassung Schopenhauers auf eine bloße Wortspielerei hinaus. Denn das Recht hat ja nach seiner Ansicht keinen positiven Inhalt. Noch weniger läßt Schopenhauer den Gedanken der veredelten Rache gelten, er hält ihn für unsittlich, da kein Mensch berufen sei, sich zum Rächer aufzuwerfen; nur um des Schutzes der Allgemeinheit willen darf er Leid zufügen.

Wie wird nun der Schutz erreicht? Hier scheidet sich Schopenhauer von der neuzeitlichen Strafrechtslehre, mit der er den Ausgangspunkt gemein hat. Der Zweck der Strafe ist nicht Erziehung, nicht Besserung. Das sind unerreichbare Ziele. Der Staat hat sich nur um die Tat zu kümmern, nicht um die Gesinnung; die Gesinnung ist menschlicher Einwirkung unzugänglich. Nur ein Einfluß auf die einzelne Handlung ist denkbar. Als Strafzweck bleibt also nur die Abschreckung. Das Strafgesetzbuch soll ein Verzeichnis von Gegengründen zu allen erdenklichen strafbaren Handlungen sein. In der unausbleiblichen Strafe soll ein überwiegender Grund zur Unterlassung geschaffen werden. Damit nähert sich Schopenhauer der Lehre Feuerbachs vom „psychologischen Zwang", er beruft sich auch ausdrücklich auf ihn.

Die Strafdrohung muß bemessen werden nach der Größe des zu verhütenden Schadens, nach dem Werte des zu schützenden Gutes, nicht nach dem Grade der sittlichen Verwerflichkeit der Tat. Daneben darf noch berücksichtigt werden, ob die Versuchung zur Tat sehr stark ist, oder ob die Überführung auf Schwierigkeiten stößt. Man schießt also nicht mit Kanonen auf Spatzen, aber für den Schutz eines kostbaren Gutes ist kein Mittel zu stark. Darum steht mit Recht auf Mord die Todesstrafe, sie sollte auch auf versuchtem Morde stehen; auf den Erfolg im Einzelfalle kann es nicht ankommen.

Die Gefängnisstrafe sieht Schopenhauer mit Mißtrauen an. Er gibt zu, daß in einer Strafanstalt die Erkenntnis des Verbrechers berichtigt, auch seine Arbeitslust geweckt werden könne, aber er verspricht sich davon keinen großen Erfolg, weil das innerste Wesen des Täters doch unverändert bleibt. Den Hauptnachteil der Gefängnisstrafe sieht Schopenhauer darin, daß sie nicht genügend abschreckt. Denn die einsame Einsperrung bringe zwar große Pein durch die Langeweile, aber diese Pein habe keinen Zeugen und werde deshalb nicht vorausempfunden. Das Strafübel solle in der Vorstellung des Täters größer sein als in der Wirklichkeit, die Einsperrung leiste aber gerade das Umgekehrte.

Schopenhauers Rechts- und Staatslehre weist — abgesehen von gewissen Schrullen — in ihrer Einfachheit und Geschlossenheit bedeutende Züge auf. Ihr Hauptwert liegt darin, daß sie, jedem begrifflichen Aufbau abhold, im Recht ein Reich der Zwecke zeigt. Es ist gut, wenn wir daran immer wieder erinnert werden. Denn wir vergessen leicht, daß Rechtswissenschaft und Rechtsanwendung nicht als Dinge betrachtet werden dürfen, die um ihrer selbst willen da wären, sondern daß sie eine bestimmte Aufgabe im Weltgeschehen zu erfüllen haben. Wir neigen dazu, die Verkörperung einzelner Rechtsgedanken im Gesetz zu überschätzen, als ob die Menschen für die Gesetze und nicht die Gesetze für die Menschen da wären. Und wie gern lassen wir uns von Begriffen beherrschen, die als Werkzeug unseres Denkens nur eine dienende Rolle spielen sollten.

Auch darin werden wir Schopenhauer zustimmen, daß es die vornehmste Aufgabe des Rechts ist, den Willensbereich der einzelnen Menschen und der Menschengruppen abzugrenzen, ein Übergreifen zu verhindern und so die äußere Ordnung auf der Erde aufrecht zu erhalten. In die Erfüllung dieser Hauptaufgabe dürfen andere Rücksichten nicht störend eingreifen. Damit ist aber nicht gesagt, daß weitere Aufgaben nicht denkbar seien.

Indem Schopenhauer dem Rechte weder die Pflicht noch die Fähigkeit zusprechen will, unmittelbar zu bessern und zu erziehen, entfernt er sich weit von der heutzutage herrschenden Meinung. Aber er hat doch nicht ganz unrecht. Erziehung geht so vor sich, daß ein Mensch auf den andern persönlich einwirkt: das Recht als etwas nur Gedachtes, der Staat als etwas Unpersönliches, das Gesetz als eine papierne Vorschrift können solches nicht leisten, es bleibt den einzelnen Menschen vorbehalten, die an der Erfüllung staatlicher Aufgaben mitzuarbeiten haben. Es ist ein Grundirrtum, dem wir in der Gesetzgebung und in der Verwaltung trotz aller üblen Erfahrungen immer wieder verfallen, daß wir von der Vorschrift als solcher erwarten, was nur die Menschen vollbringen. Wir wähnen, daß sich das geschriebene Wort ohne weiteres in die Wirklichkeit umsetze, wir fühlen uns beruhigt, wenn nur etwas Schönes im Amtsblatt steht. Darum suchen wir durch eine Häufung von Gesetzen, von Dienstanweisungen und Befehlen, durch ein Regeln bis ins kleinste zu erreichen, was wir nur von der Pflichttreue und der Entschlußfähigkeit der Beamten erhoffen dürften. Und durch dieses Hineinregieren schaffen wir selbst wieder Hemmungen: die Kräfte werden eingedämmt und niedergehalten.

Wir werden also gut tun, wenn wir nicht durch Gesetz und Verordnung unmittelbar zu erziehen suchen. Es genügt, wenn die Gesetze, die Staatseinrichtungen überhaupt so beschaffen sind, daß der Einzelne auf seinem Posten die höchste mögliche Leistung aus sich herausholen und so in seinem Kreise auch fördernd und bessernd auf andere wirken kann. Schopenhauer würde sich freilich auch davon wenig versprochen haben; er hält ja eine Besserung oder Veredelung des menschlichen Charakters für unmöglich; nur ungezügelte, grobe Ausbrüche der Roheit und der Begehrlichkeit können durch Furcht und Zwang zurückgehalten werden. Diese Betonung des rein Polizeilichen verleiht Schopenhauers Rechtslehre jenen Anstrich von Engherzigkeit, der uns an ihr mißfällt. Hätte er recht, so wäre ja allerdings der Stab gebrochen über die vielgestaltigen Bestrebungen, die uns z. B. in der Jugendfürsorge, im Strafvollzug u. dergl. heutzutage so lebhaft beschäftigen. Wir werden uns nun nicht mit Schopenhauer in einen Streit über außerweltliche Streitfragen einlassen, aber ihm vielleicht aus unserer Erfahrung heraus einiges entgegenhalten.

Es ist allerdings richtig, daß in den Menschen nicht eingepflanzt werden kann, was nicht in ihm angelegt ist. Wir werden ihm nicht Vernunft und gute Sitte beibringen können, wenn ihm die Natur nur die Triebe eines wilden Tieres mit auf den Weg gegeben hat. Es ist zwecklos, an einem solchen herumbessern zu wollen, wir müssen ihn so rasch und so sicher wie möglich ausscheiden. Aber daß eine Menschenseele ganz schwarz ist, ist selten. Im inneren Wesen der ungeheuren Überzahl finden wir gute und böse Seiten nebeneinander angelegt. Welche Seite stärker herauskommt, welche schließlich die Herrschaft gewinnt, das hängt von den äußeren und inneren Erlebnissen ab, von der Übung und Gewöhnung vor allem, vom guten und bösen Beispiel. Besserung und Aufwärtssteigen sind also denkbar, nicht in dem Sinne, daß die Innenseite des Menschen umgekrempelt wird, sondern so, daß vorhandene gute Kräfte gesteigert, schlimme Neigungen zurückgedrängt werden.

Blicken wir nochmals zurück! Auch heute noch werden wir mit Schopenhauer sagen, daß sich Staat und Recht vor allem kräftig durchsetzen müssen. Auch heute noch gilt der Satz, daß der Gendarm und der Gerichtsvollzieher die Grundsäulen der Rechtsordnung sind. Aber sie haben doch nur den Unterbau zu stützen und darüber darf sich und soll sich ein lichteres Gebäude erheben, in dem der Wille zum Guten, zum geistigen und sittlichen Fortschritt waltet. Schopenhauer würde freilich bei seinem überscharfen Blick für das Böse einem solchen Unternehmen wenig Erfolg vorausgesagt haben. Damit kommen wir zum letzten, für uns als Menschen vielleicht wichtigsten Punkt: Wie stellen wir uns zu Schopenhauers Pessimismus?

Wir wissen nur zu gut, daß sich bei den Juristen leicht eine etwas grämliche Lebensauffassung bemerklich macht und daß sie ein scharfes Auge für die Schwächen ihrer Mitmenschen haben. Die Beschäftigung mit den Nachtseiten des menschlichen Daseins schwächt den Glauben an die Entwicklungsfähigkeit des Guten. Und für viele wird verhängnisvoll, daß in der Beamtenlaufbahn äußerer Erfolg und äußeres Fortkommen eine große Rolle spielen. So setzen sich viele für ihr Lebensglück ein falsches Ziel. An ihnen bewahrheitet sich die

Erfahrung Schopenhauers, daß der Begierde niemals Befriedigung, sondern neuer Hunger folgt, daß das so nahe scheinende Glück mit jedem Schritte vorwärts weiter zurückweicht, daß nur ungestümer Drang und Enttäuschung abwechseln. Bleibt dann gar das Erwartete aus, so sind alle Lichter verloschen, dann ist rasch der Schluß fertig, alles sei eitel. Das ist ein Trugschluß, der aus einer falschen Wertschätzung der Lebensgüter hervorgeht. Schon bald, nachdem Schopenhauers Hauptwerk erschienen war, hat ein wenig bekannter Kritiker bemerkt, die Lehre von der großen Enttäuschung des Daseins gelte nur für den, der unersättlich nach vergänglichen Gütern strebt. Er hat wohl recht gehabt. Wir müssen das Glück des Seins in der tatkräftigen und freudigen Entfaltung der in uns gesetzten Lebenskräfte suchen, in dem Wirken eines auf das Gute und Vernünftige gerichteten Willens. Dann werden wir weder Zeit noch Lust haben, Betrachtungen über die Nichtigkeit des Daseins anzustellen. Kommt dann zu der inneren Befriedigung der äußere Lohn, so darf er als redlich erworben auch freudig genossen werden. Und damit ist erreicht, was der Mensch erreichen kann. Bleibt er aus, so wird er ohne allzugroßen Schmerz, ohne Verlust der inneren Haltung entbehrt werden.

Mit dieser Betrachtung ist jedoch der Pessimismus nicht an der Wurzel gefaßt. Auch dem Manne, der mit leidlicher Gleichgültigkeit gegen die Gaben und Stöße des eigenen Geschicks durchs Leben geht, wird sich die gewaltige Macht des Bösen mit unerbittlicher Deutlichkeit aufdrängen und dem Juristen zumal begegnet sie auf Schritt und Tritt. Er muß hinabsteigen in die dunklen Abgründe des Verbrechens und der sittlichen Verderbnis, er muß ringen mit verbohrter Unvernunft, mit stumpfer Gleichgültigkeit, mit törichtem Leichtsinn. Oft sieht er Menschen durch eigene und fremde Schuld dem Untergang verfallen, denen er umsonst die rettende Hand zu reichen versuchte. Und noch herbere Erfahrungen muß er machen, wenn er mit Schopenhauer bemerkt, wie das Unrecht und die Willkür auch in die öffentlichen Einrichtungen eindringen, wenn er im eigenen Lager die störenden Mächte am Werke sieht, wenn er zuletzt selbst krumme Wege beschreiten muß, um zwischen widerstreitenden Gewalten hindurch das Rechte nur halbwegs durchzusetzen. So spielt auch in die nüchterne juristische Kleinwelt der Kampf herein, der von aller Ewigkeit her und in alle Ewigkeit fort zwischen Gut und Böse ausgefochten wird. So sehen wir sie hineingezogen in das uralte Welträtsel, das schon aus den Mythen der Naturvölker hervorklingt, das die Dichtung aller Zeiten erfüllt.

Der ewige Streit, der in dem tiefsten Grunde alles Seins wurzelt, in den wir Männer des Rechts als Hüter der äußeren Ordnung mitten hineingestellt sind, er wird niemals mit einem vollen Siege enden. Das darf nicht verleiten, die Waffen zu strecken. Der Pessimist gibt den Kampf auf; indem er Leid und Übel als Ganzes, als Welterscheinung faßt, fühlt er sich niedergeworfen und sucht nur noch Erlösung vom Leben. Darin ist er ein schlechter Lehrmeister: er stellt sich eine unlösbare Aufgabe, klagt über ihre Unlösbarkeit und verliert dabei die näherliegenden Ziele aus den Augen. Der Mensch kann nicht alle Übel der Welt, nicht das Böse als Ganzes überwinden. Er soll es da bekämpfen, wo es an ihn herantritt: in der eigenen Brust, in den engeren und weiteren Kreisen, die ihn umschließen. Hier tritt ihm das Böse nicht als geheimnisvolle Weltmacht gegenüber, sondern greifbar in vergänglichen Formen, hier ist es nicht unüberwindlich, hier winkt dem Kämpfer der Preis, wenn nicht des vollen äußeren Sieges, so doch der eigenen inneren Reinigung und Erlösung.

FSC
www.fsc.org
MIX
Papier | Fördert
gute Waldnutzung
FSC® C083411

Kolibri 360 GmbH
Ferdinand-Jühlke-Straße 7
99095 Erfurt, Deutschland
produktsicherheit@kolibri360.de